Georg Bydlinski

Ein Gürteltier
mit Hosenträgern

Gedichte und Lieder
für Kinder und ihre Erwachsenen

Illustrationen von Carola Holland

Dachs

Wilfried Satke, Gitarrelehrer und Freund, hat meinen Liedtext
»Komm, ich helf dir in den Mantel« weitergedichtet. Ich danke ihm
für die 3. und 4. Strophe und für alle musikalischen Tipps.   *G.B.*

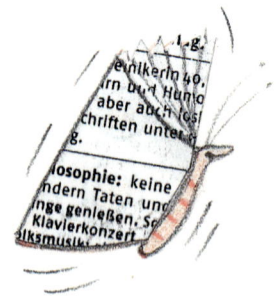

Gesetzt nach den Regeln
der neuen deutschen Rechtschreibung.

www.dachs.at
ISBN: 3-85191-371-X

© 2005 by Dachs-Verlag, A-1020 Wien
Alle Rechte vorbehalten.
Satz: KompetenzCenter, Mönchengladbach
Druck und Bindung: Druckerei Theiss, A-9431 St. Stefan
05 01 05 / 50 / 1

INHALT

LEITFADEN FÜR GÜRTELTIERBESITZER

Wenn ich ein Brontosaurus wär – ja, was wäre dann? Das erste Kapitel lässt sich mit den Begriffen Phantasie und Alltag umschreiben. Es behandelt Situationen, die jedes Kind kennt – aber auch die Möglichkeit, sich »wegzuträumen«, sich mit Hilfe der eigenen Vorstellungskraft Mut zu holen und so den Alltag zu verwandeln.

Ich schreibe dir ein Briefgedicht – oder eine E-Mail-Nachricht … Im zweiten Kapitel geht es um Freundschaft und Vertrauen und Streit und Versöhnung, um leise Töne und lautstarke, etwa, wenn man ständig brüllende kleine Geschwister hat.

Ein Gürteltier mit Hosenträgern, ein dottergelber Hund, der Schweinchen-express oder die Tierfeuerwehr – sie und viele andere spielen im dritten Abschnitt ihre Rollen, die Hauptrolle spielt der Spaß an der Sprache.

Die Welt ist mein Freund: Manchmal spüren wir alle die Verbundenheit mit Natur und Schöpfung, oft nur in kurzen, aber prägenden Augenblicken. Die Texte des vierten Kapitels sind ein Mosaik solcher Momente.

Einige Gedichte hat der Autor in den letzten Jahren vertont. »Hasenfußball« klingt am besten mit einer rockigen E-Gitarre, das »Mondlied« ist eher still und verträumt. Bis auf ein Dutzend Liedtexte, die bereits als Gedichte ohne Melodien veröffentlicht waren, sind alle hier abgedruckten Texte neu; sie ergänzen Georg Bydlinskis Auswahlband »Wasserhahn und Wasserhenne«.

Vieles in diesem Buch kann auch als Anregung zur eigenen Umsetzung dienen: Lieder wie »Katzenpostamt« werden zu Mini-Musicals, die »Verwand-lungen« werden pantomimisch-theatralisch dargestellt. Kinder können eigene »Wörter sammeln«, eigene »Spruchkarten« verfassen oder »Kalenderblätter« gestalten, selber ein »Album« anlegen oder ein »Kartenspiel« basteln. Die »Gespräche im Gasthaus« eignen sich als Text für einen Schnellsprech-wettbewerb. Und andere Gedichte laden ein, den Klang-Farben der Worte mit dem Zeichenstift nachzuspüren.

Wenn ich ein
BRONTOSAURUS wär

DIE EINLADUNG

Wenn du niemals Furcht verspürst
und nie deinen Kopf verlierst,

wenn du sogar Drachen neckst
und dich nicht vor Geistern schreckst,

wenn du nicht vor Monstern bangst,
denn du hast vor gar nichts Angst –

dann komm in meine Höhle rein,
ich lade dich auf ein Mammut-Steak ein!

SAURIERGEDICHT

Wenn ich ein Brontosaurus wär,
dann wäre ich so groß und schwer,
dass ich beim Fußballspielen
immer der Torwart wär.

Ich hielte jeden Schuss,
ja wirklich jeden Schuss,
sogar den schärfsten Schuss,
weil ich nur dastehn muss.

Wenn ich ein Allosaurus wär,
dann wär ich sehr gefährlich –
ich wäre Stürmer, ehrlich!

IM MUSEUM

oder

Saurierskelett-Blues

Im al-ler-größ-ten Saal, da steht ein Sau-ri-er-ske -

lett, im al-ler-größ-ten Saal, da steht

ein Sau-ri-er-ske-lett, zehn Me-ter lang, fünf

Me-ter hoch – so wie ich gern eins hätt.

Im allergrößten Saal, da steht
ein Saurierskelett,
zehn Meter lang, fünf Meter hoch –
so wie ich gern eins hätt.

Die ersten beiden Zeilen jeder Strophe werden beim Singen wiederholt.
Die Schluss-Strophe wird zweimal gesungen.

Ich bleib vor dem Gerippe stehn,
ich staune und ich schau.
Den Kopf, den Hals, den Schwanz, die Zeh'n
betrachte ich genau.

Als Papa längst schon weitergeht,
steh ich noch immer dort.
Er ruft mich: »Komm, es wird zu spät.«
Ich antworte kein Wort.

Ach hätt ich nur, ach fänd ich wo
ein Saurierskelett,
ich stellte es im Zimmer auf
und nähm es mit ins Bett!

IM SAURIERWALD

Das Auto parkt am Rand vom Feld,
und Opa hat gerad bezahlt.
Vor uns liegt eine andre Welt:
Wir sind im Dinosaurierwald.

Ein Brachiosaurus-Riesenhals –
ich seh ihn in den Himmel ragen.
Und dort erkenn ich jedenfalls
Triceratops mit Knochenkragen.

Die Namen dieser Urzeitwesen
kann ich auf kleinen Tafeln lesen.
Sie klingen wie ein Zauberspruch
aus einem Urwelt-Zauberbuch:

Ankylosaurus, Diplodocus,
Pteranodon, Iguanodon …
Mit jedem Namen – hokus pokus –
verschwindet eine Jahrmillion.

Dimetrodon, Watongia
stehen im Blätterschatten da.
Ein Stegosaurus zeigt sich ganz
mit Knochenplatten, Stachelschwanz.

Tyrannosaurus Rex – wir gehen!
Das Auto parkt am Rand der Zeit.
Doch will ich euch bald wieder sehen.
Es ist zum Glück nicht allzu weit.

BURGFÜHRUNG

Unter der Brücke
wohnt Geist Nummer eins –
die Mumie von Kurfürst Heinz.

Im Treppenhaus
spukt Gespenst Nummer zwei –
nur jeder Zwölfte kommt hier vorbei.

Im Rittersaal
lebt das dritte Gespenst,
das du an seinem Giftzahn erkennst.

Ganz oben im Bergfried
haust Geist Nummer vier –
flink wie ein Puma, stark wie ein Stier.

Dass ihm wer entkommt
– jetzt schau nicht verwundert –,
ist unwahrscheinlich, eins zu hundert.

Eines noch: Alle,
auch Gäste, die mit ihrer Tapferkeit prahlen –
bitte im Voraus zu bezahlen!

DER SCHATZ

In einer Truhe liegt ein Schatz
an einem ganz geheimen Platz.
Der Platz ist so geheim und fern –
noch fremder als der fernste Stern.

Die Truhe ist aus Edelstahl
und zweifach zugeschweißt.
Sie steht im allerengsten Tal,
bewacht von einem Geist.

Der Geist besitzt ein Funkgerät
und einen Radarschirm,
zwei Geier, schnell wie ein Komet,
und giftiges Gewürm.

Drum hat sich keiner hingewagt
an diesen fremden, fernen Platz.
Wer es versuchte, hat versagt,
ist heimgekommen ohne Schatz.

Die Truhe steht noch immer dort
am dunklen, höchst geheimen Ort.
Und wenn du ihren Inhalt weißt,
bist du der Geist!

NACHTTISCHLAMPE

Manchmal brauch ich
beim Einschlafen Licht.
Manchmal mag ich
die Dunkelheit nicht.
Ich stell mir dann manchmal
so mancherlei vor,
so monstrige Monster
mit Ratten im Ohr.

So drachige Drachen
mit Feuerspeimaul,
so Klapperskelette
auf einem Knochengaul,
so Spinnwebgehirne
im Abendwind,
so farblose Geister,
die unsichtbar sind …

Doch weil man Unsichtbares
nicht so gut sehen kann –
schalt ich gleich schnell noch
das Deckenlicht an!

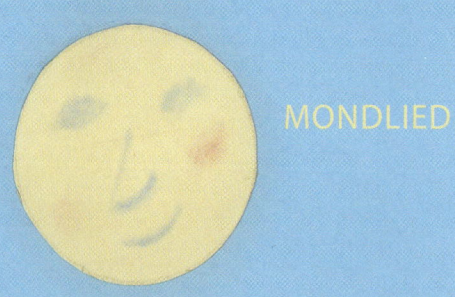

MONDLIED

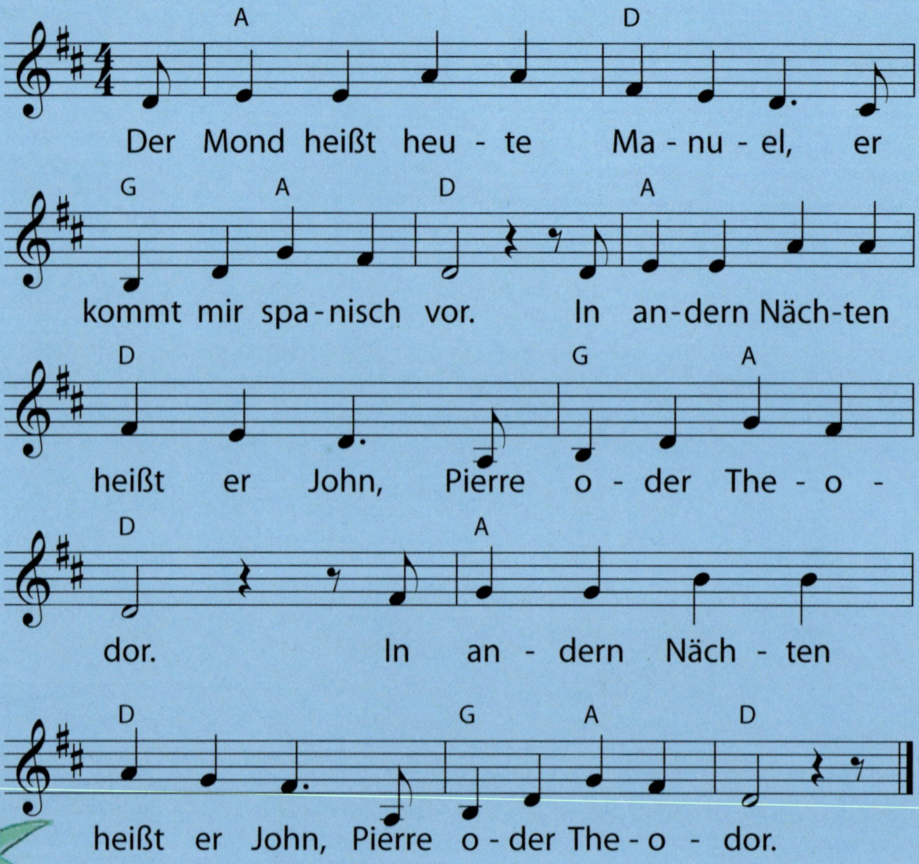
A D
Der Mond heißt heu - te Ma - nu - el, er
G A D A
kommt mir spa - nisch vor. In an - dern Näch - ten
D G A
heißt er John, Pierre o - der The - o -
D A
dor. In an - dern Näch - ten
D G A D
heißt er John, Pierre o - der The - o - dor.

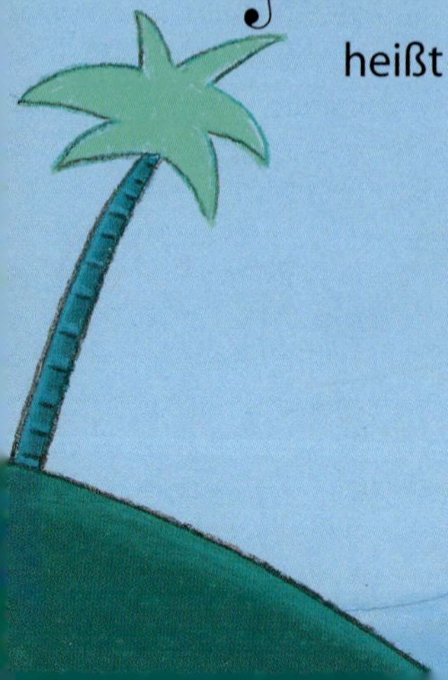

Die zweite Hälfte jeder Strophe wird beim Singen wiederholt; die Schluss-Strophe kann zur Gänze wiederholt werden.

Der Mond heißt heute Manuel,
er kommt mir spanisch vor.
In andern Nächten heißt er John,
Pierre oder Theodor.

Der Mond ist manchmal blass und fern –
wie ein verwünschter Geist.
Und in den Nächten ohne Stern,
da ist er wohl verreist:

nach Spanien der Manuel,
nach Florida der John,
der Pierre wahrscheinlich nach Paris,
der Theodor nach Bonn.

Und morgen Nacht – wie heißt er da?
Vielleicht wird's eine Mondin sein.
Dann nenne ich sie Barbara,
Ludmilla oder Susilein!

MEIN ALBUM

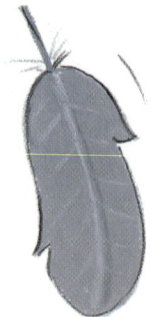

Ich hab die Blätter selbst gelocht
und schön mit Bast gebunden.
Dann hab ich allerlei gesucht
und allerlei gefunden.

Den Anfang macht der Marken-Teil,
doch Marken sammelt jeder.
Deshalb kommt jetzt ein Doppelblatt
mit einer Taubenfeder.

Links habe ich sie eingeklebt
und rechts sie nachskizziert.
Dann habe ich um sie herum
den Taubenrest strichliert.

Blätterst du weiter, findest du
Münzen, die nicht mehr gelten:
Pfennig und Groschen, Lire, Peseten –
aus Spanien, vom Zelten!

Dann kommen bunte Ansichtskarten,
die meine Freunde schrieben.
Und für noch ungeschriebne Post
ist reichlich Platz geblieben.

Die Rechnung fürs Computerspiel
(wie lang hab ich gespart?),
das ich am allerliebsten spiele,
hab ich hier aufbewahrt.

Natürlich Fotos: Katze, Hund,
die Eltern und die Schwester.
Der Schnappschuss von der Schlittenfahrt
ist wohl mein allerbester.

Dann eingeklebte Blütenblätter,
getrocknet und gepresst,
und die verrückte Einladung
zum letzten Frühlingsfest.

Und Kinokarten, Zeitungsschnipsel
mit Sportler-Autogrammen …
Wer eifrig sammelt, so wie ich,
kriegt einiges zusammen.

Und ist mein Album einmal voll,
so bleibe ich gefasst:
Ich loche einfach neue Blätter
und bind sie schön mit Bast!

PAKETPOST

Heut hab ich ein Pa-ket be - kom-men, ein

gro - ßes, fest ver - schnürt. Ge -

spannt hab ich es ent-ge-gen-ge - nom-men: Es war

wirk - lich an mich ad - res - siert! Es war

wirk - lich an mich ad - res - siert!

Die letzte Zeile jeder Strophe kann von allen wiederholt werden.

Heut hab ich ein Paket bekommen,
ein großes, fest verschnürt.
Gespannt hab ich es entgegengenommen:
Es war wirklich an mich adressiert!

Ich setz mich hin, zerschneid die Schnur,
zerreiß das Packpapier.
Da denk ich mir, was ist das nur:
Ein zweites Paket liegt vor mir.

Ich heb das kleinere Päckchen hoch,
ich schüttel's, halt's ans Ohr.
Dann mach ich's auf. Ich dacht mir's doch:
Ein drittes Paket kommt hervor.

Was wird im Dritten drinnen sein?
Ein winziges Paket.
Da bin ich sicher. Ich schau rein:
Es ist mit Stoff umnäht.

Der ist aus Samt, mit roter Schrift:
»Nur ganz allein für dich«.
Er riecht nach Mamas Lippenstift,
ich freu mich fürchterlich.

Ich mach es voller Vorsicht auf
und mach die Augen zu
und greife mit den Fingern drauf:
Ist es ein Känguru?

Es ist ein kleines Känguru
– aus Ton, glasiert, ganz glatt –,
das sie in ihrem Bastelkurs
für mich getöpfert hat!

DREI KALENDERBLÄTTER

Ist dir die Sonne zu grell,
komm in den Schatten – schnell!
Magst du den Schatten nicht,
freu dich über das Licht.

Ist dir der Winter zu kalt,
lauf nicht barfuß im Wald.
Ist dir der Winter zu heiß,
schleck halt Eiszapfeneis.

Bläst dir der Sturm zu schwach,
stell den Föhn aufs Dach.
Regnet's dir zu stark,
fahr Tretboot im Park!

FÜNF SPRUCHKARTEN

Fällt die Aufgabe dir schwer,
freue dich auf hinterher.
War sie leicht und ohne Sinn,
freust du dich ja ohnehin.

Ist dein Sparschwein federleicht,
kann's sein, dass dein Geld nicht reicht.
Ist dein Sparschwein dick und voll,
denkt der Spielzeughändler: Toll!

Hast du heute keine Sorgen,
warte nur bis übermorgen.
Bist du dann auch sorgenfrei,
tröste dich: Das geht vorbei!

Ist deine Stimmung nebelgrau,
denk: Dahinter ist es blau!
Hinter jeder Wolkenschicht
schlummert Licht.

Sind diese Worte zu weise,
gib sie dem Esel zur Speise.
Sind dir die Sprüche zu dumm,
schreibe sie einfach um!

»Komm, ich helf dir in den Man - tel«,
sagt der Bär zum E - le - fan - tel.
Der er - wi - dert: »Bit - te sehr!
Denn al - lein ist's mir zu schwer.«

»Komm, ich helf dir in den Mantel«,
sagt der Bär zum Elefantel.
Der erwidert: »Bitte sehr!
Denn allein ist's mir zu schwer.«

Die zweite Hälfte jeder Strophe
wird beim Singen von allen wiederholt.

»Komm, ich helf dir in den Rock«,
sagt der Frosch zum Ziegenbock.
Der erwidert: »Das wär fein!
Denn allein find ich nicht rein.«

»Komm, ich helf dir in den Schuh«,
sagt der Hirtenhund zur Kuh.
Die erwidert: »Danke nein!
Denn der Schuh ist mir zu klein.«

»Komm, ich bind dir die Krawatte«,
sagt das Pferd zur Wanderratte.
Die erwidert: »Streng verboten!
Denn du schaffst ja nicht den Knoten.«

»Komm, ich helf dir in den Mantel«,
sagt der Bär zum Elefantel.
Der erwidert: »Bitte sehr!
Denn allein ist's mir zu schwer.«

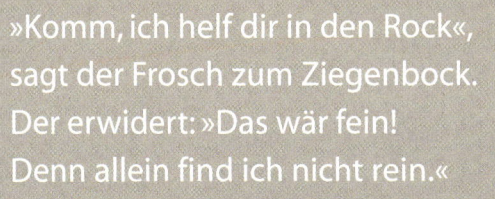

VERKLEIDUNGSFEST

Der Peter nennt es Fasching,
die Jule Karneval,
der Oliver sagt Fastnacht …
Doch ist das nicht egal?

Was zählt, ist: Du verkleidest dich.
Du willst verwandelt sein.
Du bleibst trotz deiner Maske du.
Du feierst nicht allein.

Die Manu geht als Löwin,
der Felix als Vampir,
Matthias geht auf allen vier'n
als Fußball-Trampeltier.

Die Zwillinge sind Filmstars,
Max schleppt ein Mikrophon –
ist er ein Chefreporter
oder der Mann vom Ton?

Wer ist die Kräuterhexe?
Und wer der Astronaut?
Sogar der leise Lukas
trompetet heute laut!

Die Lina nennt es Fasching,
der Gerhard Karneval,
die Valerie sagt Fastnacht …
Doch ist das nicht egal?

VERWANDLUNGEN

Komm, gib mir dei-ne Hand! Du bist ein E-le-fant mit ei-ner Rüs-sel-na-se. Und ich? Ich bin ein Ha-se.

Komm, gib mir deine Hand!
Du bist ein Elefant
mit einer Rüsselnase.
Und ich? Ich bin ein Hase.

Komm, gib mir deinen Fuß!
Wir sind zwei Kängurus
und hüpfen wild und munter
den Wiesenabhang runter.

*Die erste Zeile jeder Strophe
wird von allen wiederholt.
Die Tiere in den einzelnen Strophen
und ihre Bewegungen können
schauspielerisch dargestellt werden.*

Komm, gib mir deinen Zeh!
Du bist ein junges Reh
und ich ein Ziegenbock –
wir tanzen Alpenrock.

Komm, gib mir einen Kuss
und fang die Kokosnuss!
Wir sind ein Affenpaar,
wir klettern wunderbar.

Komm, leihe mir dein Ohr!
Ich schlage nämlich vor,
wir spielen nicht mehr Tier.
Jetzt spielen wir Klavier.

MEIN LIED VOM WASSER

Ich schwimme auf den See hinaus,
so lautlos wie ein Hai.
Ich denk mir Abenteuer aus,
ich fühl mich leicht und frei,
weil mich der Wellengang bewegt,
weil mich das Wasser trägt.

Ich treibe auf der Luftmatratze,
rücklings und ausgestreckt.
Am Uferbaum die weiße Katze,
sie hat mich gleich entdeckt.
Ich freu mich, weil der Wind sich legt,
weil mich das Wasser trägt.

Ich rudere mein Ruderboot
zur kleinen Insel hin.
Ich füttere den Enten Brot,
bis ich zufrieden bin.
Ich spür, dass sich im Schilf was regt,
dass mich das Wasser trägt.

FERNREISE IM STADTBAD

Mein Schwimmtier ist ein Krokodil.
Das Badebecken ist der Nil.

Die Badegäste sind Piraten,
die in der Wüstensonne braten.

Mein Krokodil durchpflügt den Nil,
und ich genieß den wilden Ritt.

Und jede Welle bringt ein Glitzern
aus der fernsten Ferne mit.

SCHNELLZUG-LIED

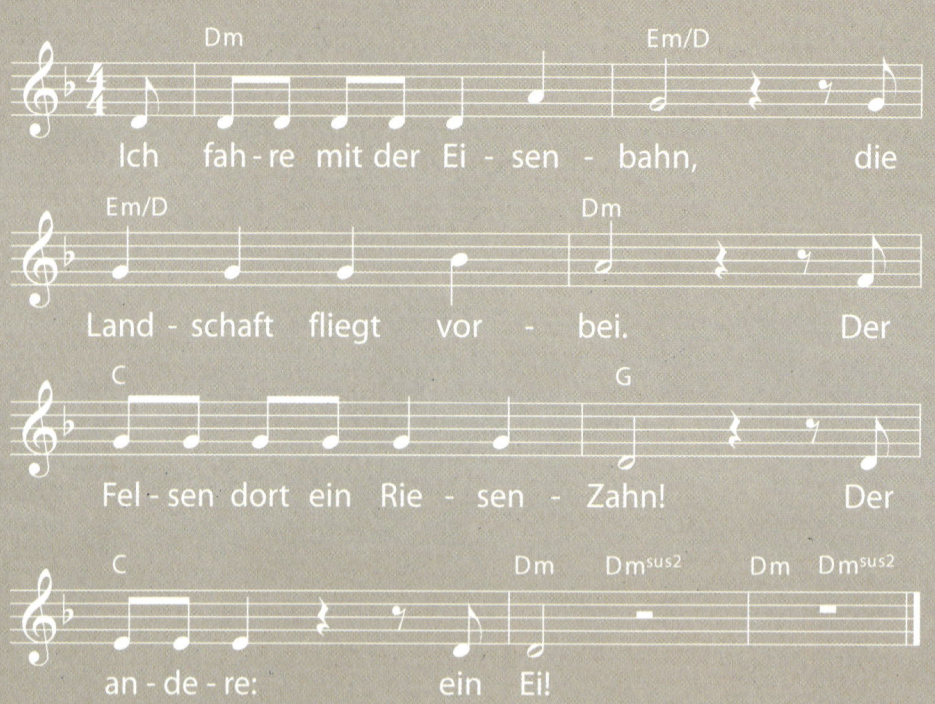

Dm
Em/D
Ich fah - re mit der Ei - sen - bahn, die
Em/D
Dm
Land - schaft fliegt vor - bei. Der
C
G
Fel - sen dort ein Rie - sen - Zahn! Der
C
Dm Dm^sus2 Dm Dm^sus2
an - de - re: ein Ei!

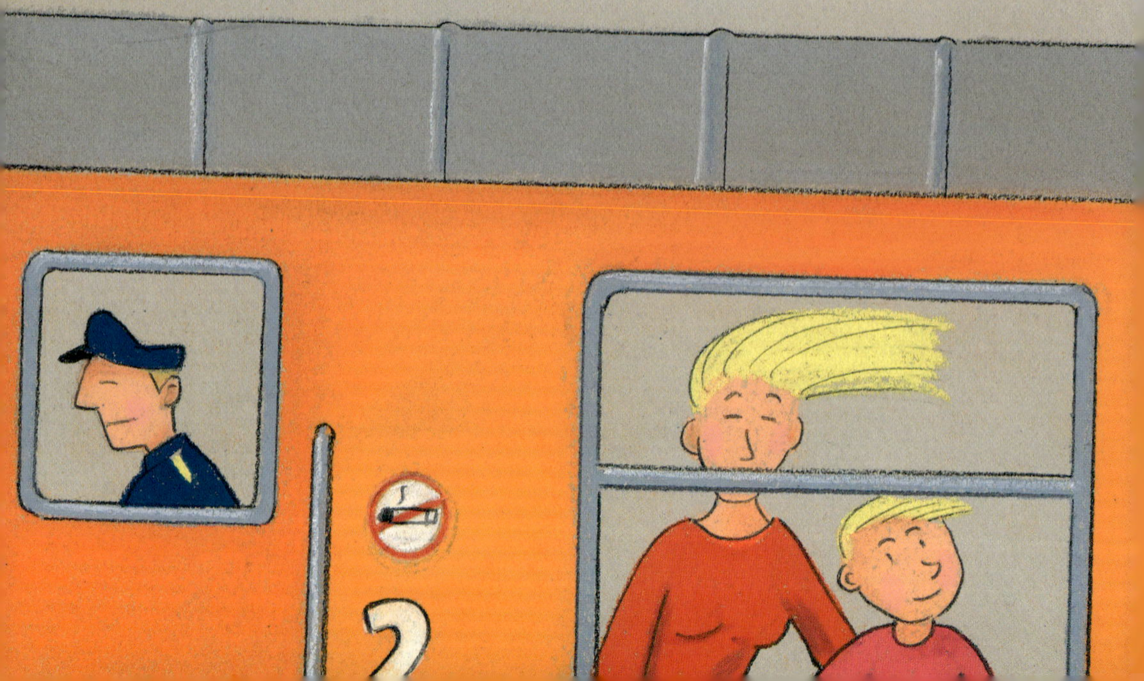

Schon sind die Berge wieder fort,
wir rasen durch die Felder.
Der Zug bleibt nie am selben Ort –
nun sind die Felder Wälder!

Zum Zapfenzählen keine Zeit,
der Schnellzug eilt zu sehr.
Vorm Fenster liegt ein See, so weit
fast wie ein kleines Meer.

Wie gern würd ich jetzt baden, ja!
»Wie schade«, sag ich matt.
Der große See ist nicht mehr da,
jetzt ist er eine Stadt.

Die Stadt scheint mir bekannt zu sein.
Ich seh den Dom. Klein ist die Welt!
Der Schnellzug bremst sich langsam ein,
bis er in unserm Bahnhof hält.

Ich kann weite Wege gehn.
Noch schneller kann ich rennen.
Du kannst mich auf dem Fahrrad sehn
und wirst mich kaum erkennen,
so rasch bin ich vorüber!

Noch schneller fährt der Autobus.
Noch schneller rollt die Eisenbahn.
Doch damit ist's noch lang nicht Schluss:
Das Flugzeug düst mit Affenzahn
nach Kanada hinüber.

Noch schneller rast die Mondrakete,
ihr Flug kennt keine Schranken.
Doch eins verrat ich dir, mein Lieber:
Auch wenn ich auf der Stelle trete –
am schnellsten fliegen die Gedanken!

AUSSICHTSTURM

Steigt in den Raketenlift,
fahrt zur Turmspitze hinauf,
  lenkt den Blick noch höher rauf,
    lest die weiße Wolkenschrift.

        Dann schaut runter auf die Stadt:
          Lauter Lego-kleine Bauten
            seht ihr Aussichts-Astronauten,
              und ihr seht euch niemals satt.

          Seht den Fluss mit seinen Brücken,
            Straßen, schmal wie dünne Bänder,
            winzig kleine Rundfunksender,
            auf den Wegen Menschen-Mücken …

        Alles ist erstaunlich hier,
          wie auf einem andern Stern.
        Eine Zeit lang seht ihr fern:
        Schiffe, Autos, Mensch und Tier –

    bis der Astronautenlift
  für den Heimatflug eintrifft.

COMPUTERSPIEL

Auch das spannendste Spiel
wird mir manchmal zu viel.

Den Fußball her, die Schuhe, schnell –
jetzt bin ich nicht mehr virtuell!

DER UMZUG

Morgen ziehen wir hier aus,
in das neue Reihenhaus.
Mein Zimmer wird dort größer sein.
»Und heller ist es obendrein
als in dem finsteren Gebäude«,
sagt meine Mama voller Freude.

Morgen fahren wir hier fort,
ziehn in einen andern Ort.
Und meine Freunde bleiben hier.
»Du kriegst ein eigenes Klavier –
und keinen wird dein Üben stören«,
kann ich von meinem Papa hören.

Morgen bleibt die Wohnung leer.
Dort in der Ecke saß der Bär,
er wartet schon im Reihenhaus.
»Mir macht der Umzug gar nichts aus«,
sagte er brummelig zu mir.
Nur die Schatten bleiben hier.

SCHAUKELN KANN MAN IMMER

Schaukle, wenn du traurig bist,
auf und ab,
auf und ab,
bis du deinen Schmerz vergisst,
auf und ab,
auf und ab …

Schaukle, wenn du fröhlich bist,
auf und ab,
auf und ab,
bis der Wind die Zehen küsst,
auf und ab,
auf und ab …

Ich schreibe dir
ein BRIEFGEDICHT

WÖRTER SAMMELN

Jedes Wort hat eine Farbe,
jedes Wort hat einen Klang.
Manche Worte sind kurz,
andere lang:

Eishöhlengeister,
Schneckenhausmeister,
Wolkenrandzupfer,
Löwenzahntupfer,
Birkenweißmaler,
Maisonnenstrahler …

Jedes Wort hat eine Botschaft,
manchmal singt es, manchmal knurrt's.
Manche Worte sind lang,
andere kurz:

Reis,
heiß!
Miau,
au!
Gebell,
schnell ...

Manche Worte sind gesprochen,
andre Worte nur gedacht.
Gib auf alle Sorten
von Worten
– die langen und die kurzen,
die lauten und die leisen –
beim Wörtersammeln Acht!

AN …

Ich schreibe dir ein Briefgedicht
mit neunundneunzig Grüßen.
Ich male dir ein Mondgesicht
mit Händen und mit Füßen.

Ich dichte dir ein Gartenlied
mit Käfern und mit Wanzen
und Wolkenwesen, die im Wind
mit Schmetterlingen tanzen.

Ich sing dir einen Sommer-Song
und lad dich zu mir ein.
Besuch mich, spiel mit mir Pingpong.
Versprich's mir: Sag nicht Nein!

WARTEN

Du hast gesagt: um drei.
Jetzt ist es schon halb vier.
Und keine Spur von dir!
Grad fährt ein Bus vorbei.

Du bist nicht ausgestiegen.
Spielst du ein Spiel mit mir?
Ich bleib nicht lang mehr hier.
Ich lass mich nicht belügen.

In zehn Minuten vier.
Die Zeit will nicht vergehn.
Seit gestern dacht ich: Schön,
du triffst dich heut mit mir …

Da sehe ich dein Rad.
Du bremst und winkst mir zu.
Und sagst verlegen: »Du –
es tut mir Leid. War's fad?«

Du hast den Bus versäumt.
Dein Radhelm war verräumt.
Du hast von mir geträumt?
Ja, jetzt ist alles gut!

TANZLIED

Komm du zu mir, ich komm zu dir, wir dre-hen uns im Kreis. Ich komm zu dir, du kommst zu mir, wir sin-gen laut und leis. Wir sin-gen laut und leis.

Komm du zu mir,
ich komm zu dir,
wir drehen uns im Kreis.
Ich komm zu dir,
du kommst zu mir,
wir singen laut und leis.

Komm du zu mir,
ich komm zu dir,
wir winken in die Ferne.
Ich komm zu dir,
du kommst zu mir,
wir spucken Kirschenkerne.

*Die Schlusszeile jeder Strophe wird von allen wiederholt;
die immer wiederkehrenden Zeilen (»Komm du zu mir ...«)
können von Vorsänger und Chor gemeinsam gesungen werden.*

Komm du zu mir,
ich komm zu dir,
wir essen Gummibären –
die roten du,
die grünen ich –
und keiner darf uns stören!

Komm du zu mir,
ich komm zu dir,
wir drehen uns im Kreis.
Ich komm zu dir,
du kommst zu mir,
wir singen LAUT und *leis*.

E-MAIL-LIEBE

Wie ein Besen ohne Borsten,
wie ein Kater ohne Fell,
wie ein Fahrrad ohne Klingel,
wie ein Hund ohne Gebell,
wie ein Regen ohne Tropfen,
wie ein Fußball ohne Luft,
wie ein Schwimmtier ohne Wasser,
wie der Flieder ohne Duft,
wie ein wegradierter Strich

sind die Stunden ohne dich.

Dein A.

Den radierten Strich
mal' ruhig wieder hin,
weil ich ab morgen 16 Uhr
wieder bei dir bin!

☺ *Deine B.* ☼

ABSCHIED UND RÜCKKEHR

Der Dampfer fährt von hier nach dort,
nimmt meinen Liebsten mit sich fort.

Wer wird mir meine Locken waschen?
Wer wird mit mir Aschanti naschen?

Der Dampfer fährt von dort nach hier.
Mein Liebster sehnt sich schon nach mir!

I ❤ LISA

In *einem* Augenblick verliebt –
ich wusste nicht, dass es das gibt.

Wenn Lisa lächelt, wird mir warm.
Wie gerne hielt' ich sie im Arm!
Wenn Lisa hüpft, dann tanzt ihr Haar –
schön ist sie wie ein Kino-Star.

Ganz ehrlich, ich gesteh es ein:
Sie hat mir den Kopf verdreht.
Und Mama schaut schon wieder drein,
als ahne sie, wie es mir geht …

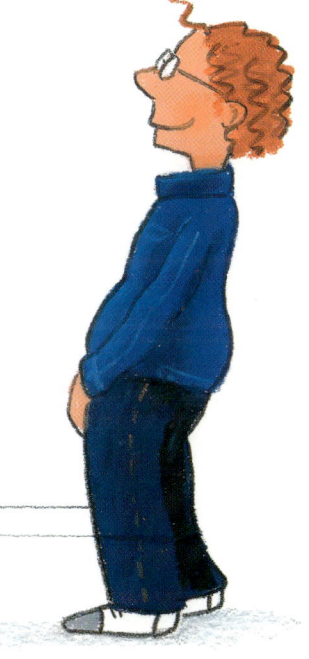

WENN MAMA INS BÜRO GEHT

Wenn Ma-ma ins Bü-ro geht und

Pa-pa bleibt zu Haus, dann schaun die Leu-te

ko-misch und ken-nen sich nicht aus. Dann

schaun die Leu-te ko-misch und

ken-nen sich nicht aus.

*Die zweite Hälfte jeder
Strophe wird beim
Singen wiederholt.*

Wenn Mama ins Büro geht
und Papa bleibt zu Haus,
dann schaun die Leute komisch
und kennen sich nicht aus.

Sie tuscheln und sie wispern:
»Was ist das für ein Mann?
Ist er faul oder krank,
dass er nicht arbeiten gehn kann?«

Der Papa lacht darüber nur,
ist nicht mehr ärgerlich.
Am Anfang hat es ihn gewurmt,
das hat er hinter sich.

Dass er bei mir zu Hause bleibt,
das haben wir besprochen.
Ich bin ja jetzt schon ziemlich groß
und helfe ihm beim Kochen.

Dann essen wir und waschen ab,
versuchen aufzuräumen.
Der Papa liest mir Bücher vor,
wir spielen und wir träumen.

Am Nachmittag gehn wir hinaus,
mit meinen Sandspielsachen.
Manche Mütter schaun erstaunt,
wenn wir Schlammkuchen machen.

Und kommt die Mama abends heim,
so haben wir viel Spaß.
Der Papa macht die Leute nach
und murmelt dies und das.

Dann sagt die Mama: »Seid mal still
und hört auf meinen Magen!«
Da beginnen wir geschwind,
das Essen aufzutragen.

Wir sitzen um den runden Tisch,
sind hungrig wie drei Raben
und essen Käse, Speck und Brot –
vergnügt, weil wir uns haben.

DAS KARTENSPIEL

Ich bastle jetzt ein Kartenspiel.
Spielst du es dann mit mir?
Es heißt »Verrücktes Krokodil
und anderes Getier«.

Herz-König ist der Kolibri,
der ist so schlau und klein.
Regieren tut mein König nie,
er redet keinem drein.

Pik-Dame ist die Nilpferdin.
Sie hat acht Nilpferdkinder,
von denen sieben langsam sind,
nur eines ist geschwinder.

Der Karo-Bub heißt Kajetan,
er ist ein Affenjunge,
der flink wie keiner klettern kann,
mit einer frechen Zunge.

Und das verrückte Krokodil?
Könnt der Kreuz-König sein.
Wenn es Gesetze machen will,
so schläft es meistens ein.

Die andern Karten fehlen noch.
Hilf mir, sie auszudenken.
Gefallen soll mein Spiel dir doch,
denn ich will es dir schenken!

IMMER DIESE ZWILLINGE

Wenn du klei - ne   Brü-der hast   o-der klei-ne

Schwes-tern,   wirst du   im - mer - zu   ver -

folgt   wie der Held im Wes-tern.

Im - mer die - se   Zwil - lin - ge,

im-mer die - se   bei - den!   Es war an - fangs

gar nicht leicht,   sie zu un - ter - schei - den.

Wenn du kleine Brüder hast
oder kleine Schwestern,
wirst du immerzu verfolgt
wie der Held im Western.

Lang war ich ein Einzelkind,
jetzt bin ich es nimmer –
neben meiner Zimmertür
ist das Zwillingszimmer!

Refrain:
Immer diese Zwillinge,
immer diese beiden!
Es war anfangs gar nicht leicht,
sie zu unterscheiden.

Michi heißt der Ältere,
der Jüngere heißt Peter –
er kam kurz nach Michael,
zehn Minuten später.

Jetzt sind sie schon zweieinhalb,
und sie lärmen laut.
Peter schrillt, als hätte er
Sirenen eingebaut.

Refrain:
Immer diese Zwillinge,
immer diese beiden!
Jeder Mensch, der Ruhe schätzt,
wird mich nicht beneiden.

Und der Michael zerreißt
alles, was er findet.
Lege nichts zu nah zu ihm –
glaub mir, es verschwindet!

Gestern putzten sie die Schuh'
mit Erdbeermarmelade,
und als Mama schimpfen kam,
sagten sie nur: »Schade!«

Refrain:
Immer diese Zwillinge,
immer diese beiden!
Aber wenn ich ehrlich bin,
kann ich sie gut leiden.

ZUSAMMENGERAUFT

Sandra und Simon
hatten Streit,
doch hat der Streit
sie nicht entzweit:
Sie wuchsen durch ihn
erst so richtig zusammen
und pflegen nun gegen-
seitig die Schrammen.

Ein Gürteltier
mit HOSENTRÄGERN

Die Kat-zen-brief - trä - ger, die Kat-zen-post -

bo - ten ver - las - sen das Post - amt auf

flin - ken Pfo - ten. Sie lau - fen nach

Nord, Süd, West und Ost und

brin-gen al - len ih - re Post.

Die Katzenbriefträger, die Katzenpostboten
verlassen das Postamt auf flinken Pfoten.
Sie laufen nach Nord, Süd, West und Ost
und bringen allen ihre Post.

Die erste Strophe kann auch
als Refrain verwendet und
zwischen den einzelnen Strophen
gesungen werden.

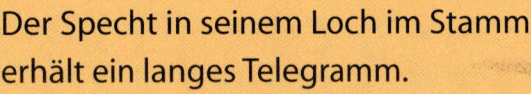

Der Specht in seinem Loch im Stamm
erhält ein langes Telegramm.
Der Laubfrosch quakt: »Ach, meine Karte,
auf die ich schon seit Wochen warte!«

Enthält das Päckchen einen Knochen?
Der Hofhund hat es gleich gerochen.
Das Pferd, das auf der Weide steht,
bekommt ein riesiges Paket.

Von wem mag dieser Eilbrief sein?
Das Reh schaut aufgeregt hinein.
Der Geldbriefträger zahlt der Maus
im Ruhestand die Rente aus.

Am Abend kehren alle Katzen
zum Amt zurück auf müden Tatzen.
Ein Kater, der im Schlafe liegt,
träumt, dass er selber Briefe kriegt.

DER LOTTERIEGEWINN

Heut gibt's ein Fest. Die Tiere feiern.
Der Dachs jongliert mit Ostereiern.

Die Enten treiben Schabernack
und blasen in den Dudelsack.

Die Frösche hüpfen Pirouetten.
Die Hamster spielen Darts mit Kletten.

Der Bär hat mit dem Fest begonnen:
Er hat ein Honigglas gewonnen!

VIER UNGLÜCKSRABEN

Dem Ersten fiel der Käse aus dem Schnabel.
Dem Zweiten sprang der Knödel von der Gabel.
Der Dritte vergoss vom Braten das Fett.
Der Vierte verschlief das ganze Bankett.

GLÜCKSTREFFEN

Zwei Rauchfangkehrern und zwei Schornsteinfegern
begegnete ein Gürteltier mit Hosenträgern.
Das guckte und glotzte und lachte und rief:
»Vier rußige Männer bringen Glück –
vielleicht gibt mir das Wildschwein meine Hose zurück!«

SCHWEINCHENEXPRESS

Ein Pfiff! »Steigt bit-te al-le ein«, ruft Bahn-hofs-vor-stand War-zen-schwein. »Wer Zug fährt, der muss pünkt-lich sein!«

Ein Pfiff! »Steigt bitte alle ein«,
ruft Bahnhofsvorstand Warzenschwein.
»Wer Zug fährt, der muss pünktlich sein!«

Ein Ferkel kommt dahergelaufen,
man hört es schon von weitem schnaufen:
»Ich werd mir einen Wecker kaufen …!«

Schwein gehabt – es hat's geschafft!
Der Zug fährt an, mit halber Kraft,
dann wird er schneller, fabelhaft.

Der Wildsau mit dem Frischlingspaar
gefällt die Reise wunderbar,
weil sie noch nie auf Schienen war.

Dem Eber knurrt der leere Magen.
Man hört ihn zu dem Schaffner sagen:
»Zum Glück gibt's einen Speisewagen!«

RATTENLEBEN

Es saßen zwei Ratten
im Zaunlatten-Schatten.

Sprach die eine: »Es ist heiß!«
Sprach die andere: »Ich weiß.«

Ratte eins: »Mir knurrt der Bauch.«
Ratte zwei darauf: »Mir auch.«

Sprach die eine: »Mir ist fad.«
Drauf die andere nur: »Schad.«

Ratte eins: »Was soll'n wir tun?«
Ratte zwei: »Wie immer – ruhn.«

So ging das hin an allen Tagen.
Sie hatten sich nichts mehr zu sagen.

GESPRÄCHE IM GASTHAUS

Trink ein Bier, Bär!
Zahlst du bar, Bär?
Du trinkst vier, Bär?
Ist das wahr, Bär?

Gib nicht so an, Pfau!
Schneid nicht so auf, Pfau!
Du bist ein Mann, Pfau?
Komm her und rauf, Pfau!

Heut so müd, Gnu?
Tanz dich fit, Gnu!
Sing ein Lied, Gnu!
Ich sing mit, Gnu!

Wie geht's Geschäft, Wirt?
Hast aber Schwein, Wirt!
Was hast gekläfft, Wirt?
Komm, lad mich ein, Wirt!

Komm zur Bar, Bär!
Bist du voll, Bär?
Dieses Jahr, Bär,
das wird toll!

Rätsel:
Welches Tier
ist der Wirt?
Der Hund

BÄRENSCHÜLER

Mor-gens gibt es ein Ge-grö-le

vor der Schul-haus-Bä-ren-höh-le.

Bä-ren-kin-der la-chen, sin-gen,

rau-fen, spie-len Ball und sprin-gen.

Die letzte Strophe wird langsamer gesungen.
Ende:

Der Schul-wart hält in ei-ner Tru-he

sei-ne ver-dien-te Win-ter-ru-he.

Als es läutet, strömen alle
in die große Pausenhalle.
Dann verteilen sich die Massen
in den dreizehn Bärenklassen.

Was sie dort lernen? Brummen, jagen,
Tatzen laut zusammenschlagen,
Beeren pflücken, Honig stehlen
und von 1 bis 100 zählen.

Der Kragenbär lernt Kragenputzen,
der Waschbär einen Schwamm benutzen,
der Nasenbär lernt Schnupftuch-Falten,
der Eisbär eine Tüte halten.

Im Winter bleibt die Schule leer –
kein Lehrer- und kein Schülerbär!
Der Schulwart hält in einer Truhe
seine verdiente Winterruhe.

WAS DER KLEINE BRAUNBÄR SAGT

Darf ich mit Grizzly draußen spielen?
Er ist ganz neu im Zoo, du weißt.
Ich weiß noch gar nicht, wie er heißt.

Darf ich ein bisschen Honig schlecken?
Wer Honig schleckt, kriegt Kraft und Mut –
und außerdem schmeckt er so gut!

Darf ich dort bei den Felsen klettern?
Ich kann dir bärenfest versprechen,
mir sicherlich kein Bein zu brechen.

Darf ich den Zoowärter besuchen?
Ich bleib nur bis zum Abend fort.
Ich gebe dir mein Bärenwort!

ELEFANTENTRAUM

Es sprach ein junger Elefant
zu einem bunten Kolibri:
»Ich wünsche mir ein weites Land
mit Platz für Vögel, Fisch und Vieh,
genügend Raum für Groß und Klein,
mit Bergen, Flüssen und mit Seen –
in diesem Land soll Frieden sein,
und alle sollen sich verstehn!«
Begeistert rief der Kolibri:
»Du hast ja Elefantasie!«

TIERFEUERWEHR

»Vorsicht, al - le mit - ei - nan - der!«, ruft der Feu - er - sa - la -

man - der. »Macht die Stra - ße end - lich frei,

die Feu - er - wehr muss hier vor - bei!«

Letzte Strophe:

Auf der al - ler - höchs - ten Pap - pel

maunzt ein Kätz - chen mit Ge - zap - pel …

Der E - le - fant wird ganz ner - vös.

»Nie darf ich lö - schen!«, brummt er bös.

Die Schlusszeile jeder Strophe wird von allen wiederholt.

»Vorsicht, alle miteinander!«,
ruft der Feuersalamander.
»Macht die Straße endlich frei,
die Feuerwehr muss hier vorbei!«

Erst hört man das Signal: »I-a!«
Dann sind sie plötzlich alle da –
der Elefant mit Wasserschlauch
und einem Sprungtuch um den Bauch,

das Nashorn, das den Wagen zieht,
der Luchs, der in die Ferne sieht,
als Feuerleiter die Giraffe,
als Klettermax ein flinker Affe.

»Was ist passiert? Was ist geschehen?
Wir können gar kein Feuer sehen.
Es riecht auch nicht nach einem Brand!«,
sagen die Tiere am Straßenrand.

Auf der allerhöchsten Pappel
maunzt ein Kätzchen mit Gezappel …
Der Elefant wird ganz nervös.
»Nie darf ich löschen!«, brummt er bös.

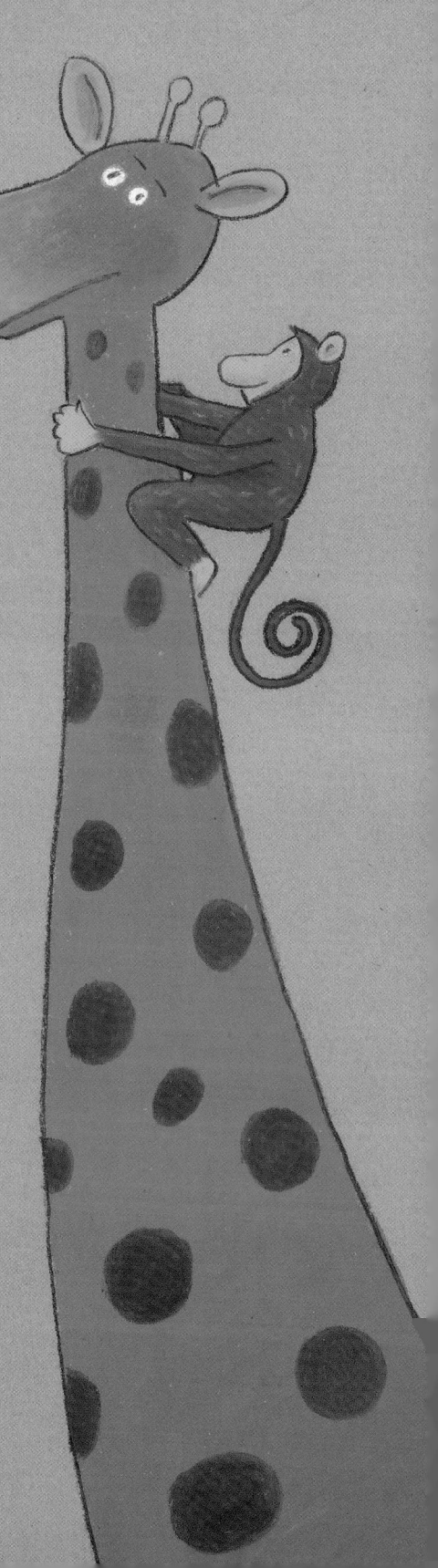

MIT FREUNDEN

»Ich weiß nicht mehr, was ich mache«,
klagt der himbeerrote Drache.
»Die grünen Drachen spotten mich aus –
ich glaub, ich ziehe fort von zu Haus!«

»Roter Drache, bleib doch hier«,
spricht das Rollschuh-Trampeltier.
»Du bist ganz normal, wie ich sehe«,
krächzt die weißgetupfte Krähe.
»Du bist so farbenkräftig bunt«,
sagt der dottergelbe Hund.
»Komm, ich reiche dir die Tatze«,
singt die stachelige Katze.
»Himbeerrot gefällst du mir«,
schmettert laut der Einhorn-Stier.
»Grüne Drachen, die sind fad
wie ein welker Kopfsalat!«

»Jetzt weiß ich wieder, was ich mache«,
ruft der himbeerrote Drache.
»Ich bleibe hier bei euch zu Haus.
Mit Freunden hält man alles aus!«

WENN DICKE DRACHEN DÖSEN

Wenn dicke Drachen dösen,
dann träumen sie von bösen,
schadenfrohen Zauberinnen,
die ihr Hexenwerk beginnen:
»Hokus pokus Wadenbein,
Drachen sollen Frösche sein!«

Da werden die Drachen zu Fröschen und Kröten,
und sie lärmen, quaken, tröten …
Dann hören sie Rufe: »Hext alles zurück!«
Sie sind wieder Drachen – welch ein Glück.
Und sie erwachen, putzen die Schuppen
und löffeln ihre Drachen-Suppen.

DAS FEST DER WASSERTIERE

»Kommt, wir rei-chen uns die Flos-sen«,

ruft der Lachs die Art-ge-nos-sen.

Die er-wi-dern: »A-ber gern –

und wir bil-den ei-nen Stern!«

Dieser Text wird zur Melodie des Liedes »Komm, ich helf dir in den Mantel«
(Seite 26) gesungen; die zweite Hälfte jeder Strophe wird wiederholt.

»Kommt, wir reichen uns die Flossen«,
ruft der Lachs die Artgenossen.
Die erwidern: »Aber gern –
und wir bilden einen Stern!«

»Komm zu mir, wir tanzen alle«,
sagt das Seepferdchen zur Qualle.
Die erwidert: »Tanzen – ja!
Schau nur her, ich bin schon da!«

»Komm, wir machen uns ganz schmal«,
sagt der Aal zum Buckelwal.
Der erwidert: »Du hast's gut –
ich weiß nicht, wie man das tut!«

»Alle Fische, kommt herbei«,
ruft der zahme Hammerhai.
Die erwidern: »Hinterm Riff
basteln wir uns jetzt ein Schiff!«

»Kommt, wir reichen uns die Flossen«,
ruft der Lachs die Artgenossen.
Die erwidern: »Aber gern –
und wir sehn im Wasser fern!«

HASENFUSSBALL

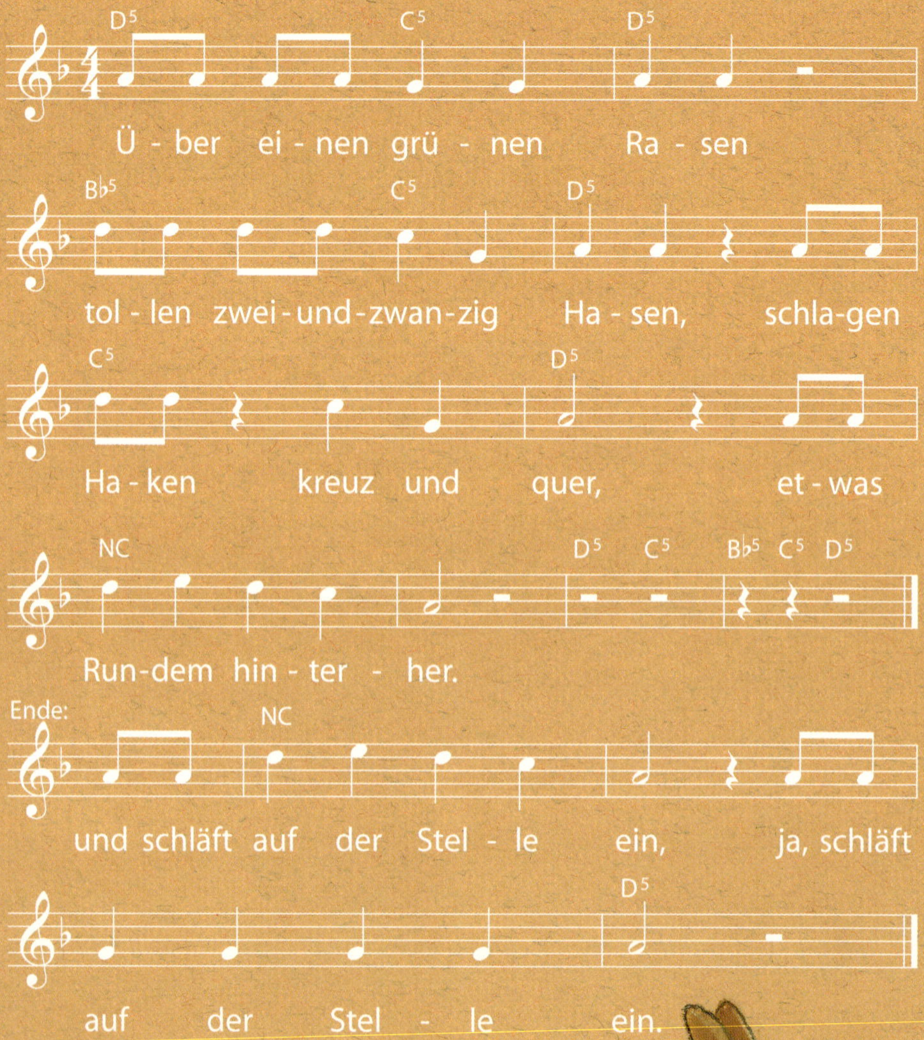
D5 C5 D5
Ü - ber ei - nen grü - nen Ra - sen
B♭5 C5 D5
tol - len zwei - und - zwan - zig Ha - sen, schla - gen
C5 D5
Ha - ken kreuz und quer, et - was
NC D5 C5 B♭5 C5 D5
Run - dem hin - ter - her.
Ende:
NC
und schläft auf der Stel - le ein, ja, schläft
D5
auf der Stel - le ein.

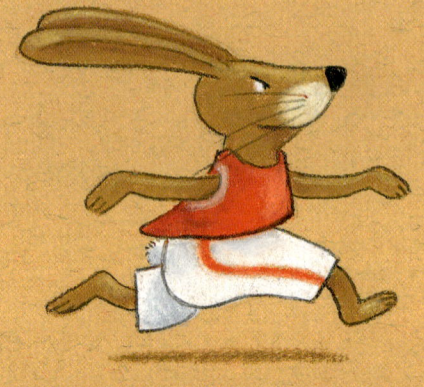

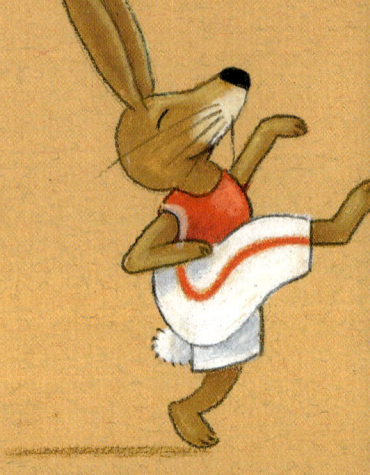

Über einen grünen Rasen
tollen zweiundzwanzig Hasen,
schlagen Haken kreuz und quer,
etwas Rundem hinterher.

Dieses Runde ist ein Ball,
leuchtend rot und glatt und prall.
Jeder will den Ball für sich,
und sie raufen fürchterlich.

Aus dem Wirbel, ungerührt,
schlüpft der allerkleinste Hase,
hat den roten Ball entführt –
und jetzt folgt er seiner Nase,

hoppelt gradewegs zum Tor,
wackelt mit dem rechten Ohr,
dass der Tormann lachen muss –
und dann schießt er mit dem Fuß …

»Tor!«, freut sich das Hasenkind.
»Wer ein Tor schießt, der gewinnt!«
Dann legt es sich ins Tor hinein
und schläft auf der Stelle ein.

BERICHT VOM KAISER

Es lebte einst ein Kaiser,
viel feiner als wir leben.
Der war vom Schreien heiser,
nur vom Befehle-Geben.

Sein Hals begann zu schmerzen,
die Stimme klang so leis,
da half kein Schal aus Nerzen.
Das ist des Reichtums Preis.

Verstimmt saß auf dem Throne
mit fest geschlossnem Mund
und halb verrutschter Krone
der arme reiche Hund.

DER SPUK

Am Esstisch saß ein Zerberus,
er löffelte sein Apfelmus.
Dann brüllte er: »Du Höllenhund!«,
und fiel in seinen eignen Schlund.

Im Nebenzimmer: ein Vampir
und ein gebleichter Knochenstier,
sie tranken einen Humpen Bier
und spielten vierhändig Klavier …

Stumm standen da und staunten
wir.

HUNDEPOLIZEI

Am ... **Em**
Ot - to ist ein rei - cher Hund, er hat

Am
vier - zehn bun - te Schlei - fen,

Dm
sie - ben Kno-chen, glatt und rund, und zwei

Em ... **Am** ... **Am**sus2 ... **Am** ... **Am**sus2
al - te Au-to - rei-fen.

Ende: **Dm**
»Der Flug-hund hat sie grad ent - deckt – sie war im

Em ... **Am**
Els - tern-nest ver - steckt!«

Otto ist ein reicher Hund,
er hat vierzehn bunte Schleifen,
sieben Knochen, glatt und rund,
und zwei alte Autoreifen.

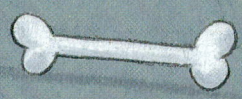

Eines Tags, beim Schleifenzählen,
ist die Gelbe nicht dabei.
Otto jault: »Mich zu bestehlen!
Hilfe, Hundepolizei!«

Eilig kommt Inspektor Dackel,
hört sich alles genau an,
salutiert mit Schwanzgewackel
und grüßt lässig: »Mops, bis dann!«

Er schickt seine Leute aus,
Haus und Garten zu durchsuchen,
knabbert auf der Bank vorm Haus
nachdenklich am Hundekuchen.

Abends kommt er angerannt
mit der Schleife in der Hand:
»Der Flughund hat sie grad entdeckt –
sie war im Elsternnest versteckt!«

TIER-ZAUBER

Kakadu und Kormoran,
hört euch meine Bitten an,

Schleiereule, Schnirkelschneck,
zaubert meine Tränen weg,

Pavian und Pandabär,
zaubert mir ein Lächeln her,

Bisonkalb und Beuteltier,
nehmt die Sorgen fort von mir,

Fledermaus und Flattermück,
füllt den freien Raum mit Glück!

(lies den Spruch vor und zurück)

Die Welt ist
mein FREUND

BEGEGNUNG

Früh ist's am Morgen.
Geh nur hinaus,
tritt in den Garten,
hinter das Haus.

Dort in der Ecke:
Die Mauer wird hell,
und eine Schnecke
kriecht schneckenschnell.

Schau ihr nur zu,
sie hat viel Zeit.
Sie ist wie du,
macht sich bereit.

Vor euch liegt der Tag.
Was wird er bringen?
Ich hoffe für alle,
er wird gelingen.

APRILKIND

Kann man befreundet sein
mit Schatten und Licht,
mit Regen und Sonne
auf dem Gesicht?

Sicher, man kann es –
jetzt im April,
der manchmal wirklich macht,
was er nur will.

Kann man befreundet sein
mit Wolken und Wind,
der wild weht und aussetzt
und wieder beginnt?

Viele Gesichter
hat der April.
Auch ich mache manchmal
nur, was ich will!

WIR UND DER WIND

Heut bläst er von Wes-ten, der Hut fliegt vom Kopf.

Er knackt in den Äs - ten, er

beu - telt den Zopf.

Heut bläst er von Westen,
der Hut fliegt vom Kopf.
Er knackt in den Ästen,
er beutelt den Zopf.

Er kitzelt die Dächer,
zerrüttelt den Rauch,
wirft Erde in Löcher,
reißt Blätter vom Strauch.

Er packt eine Zeitung,
schon ist sie verweht.
Er ist die Begleitung,
wohin man auch geht.

Und stark wie ein Ringer.
Der Westwind kennt Spiele!
Das Gras in der Wiese
kriegt Finger, ganz viele.

AN DER AUTOBAHN

Vor der grauen Lärmschutzwand
Mohnblumenköpfe
im Wind.

Rotes Gespräch und Geplauder,
durchlaufen von fröhlichem Schauder,
dem Wind.

Hinter der Mohnblumen-Lärmschutzwand
jagt einer hinter dem anderen drein,
versucht ein jeder schneller zu sein

als der Wind.

ZWEI UNTER VIELEN

Der große Ahornbaum rauscht.
Der Stein darunter lauscht.

Windstille.

Der Stein will zu singen beginnen.
Der Ahornbaum rauscht nur noch innen.

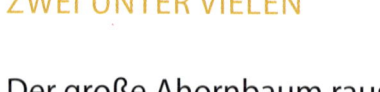

AUF DEM WEG

Ich weiß manchmal nicht, was ich suche,
ich wandre nur so vor mich hin.
Ich raste im Schatten der Buche,
und irgendwie hat alles Sinn.

Der Himmel ist hellblaue Seide,
die Erde ist fest unter mir.
Ein Vogel verbindet sie beide,
verbindet das Dort mit dem Hier.

Mein Weg ist längst Wiese geworden.
Jetzt sitz ich auf Kieseln am Bach.
Mein Blick streift die Berge im Norden.
Bin gleichzeitig Träumer und wach.

Und manchmal dauert es Stunden.
Zurück kehr ich sonnengebräunt.
Ich hab nichts Besondres gefunden
und spür doch: Die Welt ist mein Freund.

DAS SANDKISTENLAND

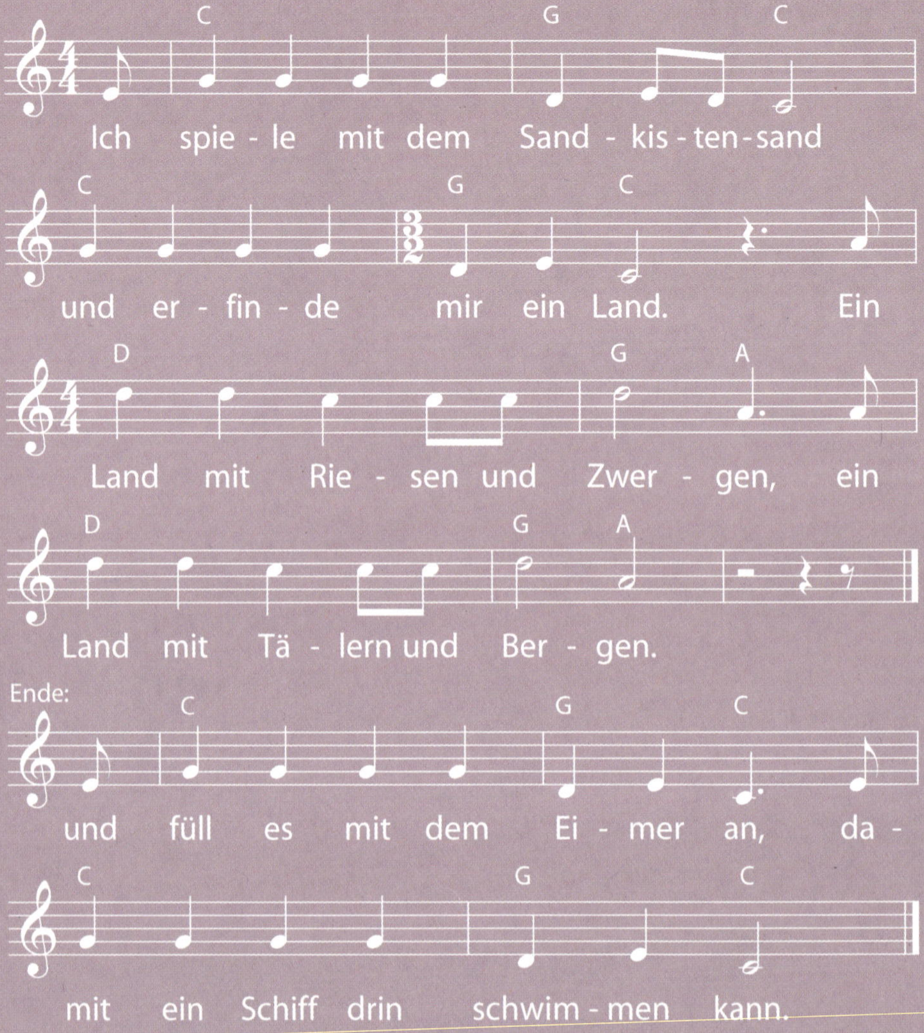

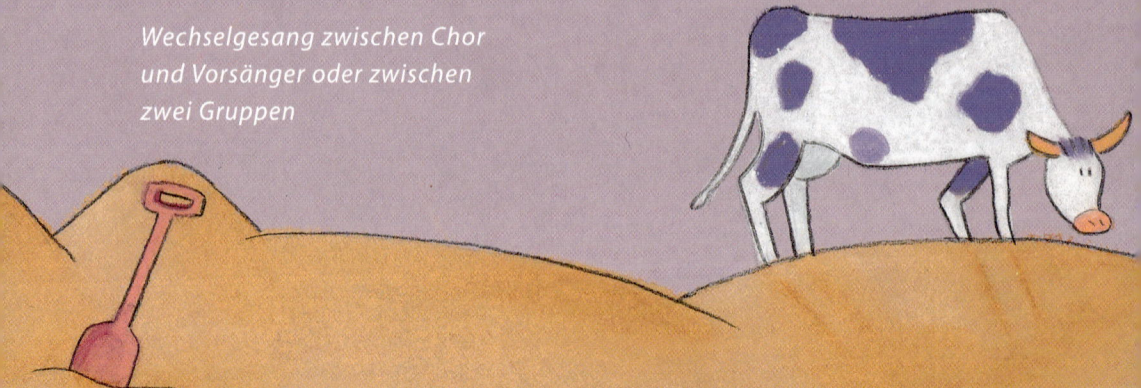

C G C
Ich spie - le mit dem Sand - kis - ten - sand
C G C
und er - fin - de mir ein Land. Ein
D G A
Land mit Rie - sen und Zwer - gen, ein
D G A
Land mit Tä - lern und Ber - gen.
Ende:
C G C
und füll es mit dem Ei - mer an, da -
C G C
mit ein Schiff drin schwim - men kann.

Wechselgesang zwischen Chor und Vorsänger oder zwischen zwei Gruppen

Ich spiele mit dem Sandkistensand
und erfinde mir ein Land,
    ein Land mit Riesen und Zwergen,
    ein Land mit Tälern und Bergen.
Ich spiele mit dem Sandkistensand
und erfinde mir ein Land
    und einen kleinen See dazu,
    dort trinkt eine Plastik-Kuh.
Ich spiele mit dem Sandkistensand …
    Neben einem Zapfen-Baum
    grast ein Schimmel ohne Zaum.
Ich spiele mit dem Sandkistensand …
    Auf meinen dreizehn Straßen
    dürfen die Autos nicht rasen.
Ich spiele mit dem Sandkistensand …
    Auf meinen sieben Brücken
    sitzen Käfer und Mücken.
Ich spiele mit dem Sandkistensand …
    Mit den Fingern meiner Hand
    zieh ich die Furchen im Ackerland.
Ich spiele mit dem Sandkistensand …
    Aus Ästchen steck ich einen Zaun.
    Morgen werd ich weiterbaun.
Ich spiele mit dem Sandkistensand …
    Dann hol ich mir den kleinen Spaten
    und grab ein Meer für die Piraten
und füll es mit dem Eimer an,
damit ein Schiff drin schwimmen kann.

MIT MEINER NEUEN BRILLE

In der Ferne
und in der Nähe:
Was ich alles sehe!

Ich sitze im Garten
und blicke mich um –
ein hellgelber Falter
flattert herum,
ist einmal im Schatten,
einmal im Licht,
schwebt über dem Schnittlauch,
ist kurz außer Sicht,
dann taucht er
bei den Fahrrädern auf
und setzt sich
auf meine Klingel drauf.
Ruht aus
und fliegt fort
bei den Rosen
nach Nord …

Was ich alles sehe
in Ferne und Nähe!
Alles ist klar
und wunderbar.

GARTEN GIESSEN

Ich gieße gern den Garten,
wenn Mama mal nicht will,
den Rasen und die Blumen,
Schnittlauch und Petersil.

Mein Gartenschlauch hat vorne
so eine Düse dran,
damit das kühle Wasser
sich fein verteilen kann.

Ich gieße den Lavendel,
schon ist er voller Duft.
Ich gieß die Thujenhecke –
und manchmal in die Luft.

Gleich nach dem Gartengießen
lauf ich mit bloßen Füßen
noch durch das nasse Gras.
Das macht am meisten Spaß!

Bei den unbegleiteten Stellen (NC) am Ende der beiden Strophen wird auf dem Gitarrenkorpus mit den Fingern »getrommelt«.

Die Bäume sind nass vom Kopf bis zum Zeh.
Ich wandere barfuß durch die Allee.
Die Wiese ist sumpfig, der Weg ist ein Bach,
es trommeln die Tropfen aufs Gartenhausdach.

Ich wandere barfuß. Das Gras kitzelt so.
Was ich hier mache? Nass sein und froh!

Ich selber bin nass vom Kopf bis zum Zeh.
Ich laufe und springe durch Gräser und Klee.
Die Straßen sind Flüsse, der Regen ist warm,
er trommelt auf Kirchturm und Ponyfarm.

Ich wandere barfuß. Das Gras kitzelt so.
Was ich hier mache? Nass sein und froh!

GROSSVATER SCHREIBT AN DAS SCHULAMT

Wenn erstmals im Jahr die Krokusse blühen,
sollte man keinen zur Schule bemühen.
Die Kinder könnten gemeinsam im Garten
auf den dreizehnten Krokus warten,
den Gräserspitzen beim Wachsen zusehen
und schnuppernd die Frühlingsluft verstehen.

Wenn erstmals im Jahr der Rasen verdorrt,
schickt doch die Kinder vom Schulhaus fort!
Sie könnten gießen mit Kannen und Töpfen
und Wasser aus Regentonnen schöpfen.
Dann springen sie selber ins Schwimmbecken rein –
kann eine Turnstunde spannender sein?

Wenn erstmals im Jahr die Kastanien fallen,
dann gebe man schulfrei – wirklich allen!
Die Kinder könnten in Taschen und Säcken
die glatten und glänzenden Früchte verstecken,
und anderntags tauschen sie ihre Funde
in einer Tiergarten-Bastelstunde.

Wenn erstmals im Jahr die Schneeflocken schweben,
sollte man ebenfalls schulfrei geben.
Die Kinder könnten Schneebälle machen,
sie üben Werfen und Laufen und Lachen.
Es glitzert die Landschaft im Frühwinterlicht –
der beste Anschauungsunterricht!

Der di-cke Ka-ter Pe-ga-sus wollt

ei-nen Fal-ter ja-gen. Der Schmet-ter-ling flog

ü-ber'n Zaun – so ging's an al-len Ta-gen! Du

ar – mer Ka-ter Pe-ga-sus, so

lern doch sel-ber flie-gen. Und hast du es erst

gut ge-lernt, wirst du den Fal-ter

krie - gen.

Der dicke Kater Pegasus
wollt einen Spatzen fangen.
Der Spatz flog auf den Apfelbaum –
da ist die Lust vergangen.

Der dicke Kater Pegasus
wollt eine Wespe haschen.
Die Wespe surrte ihm ums Ohr
und ging ihm durch die Maschen.

Du armer Kater Pegasus,
so lern doch selber fliegen.
Und hast du es erst gut gelernt,
wirst du den Spatzen kriegen!

Du armer Kater Pegasus,
so lern doch selber fliegen.
Und hast du es erst gut gelernt,
wirst du die Wespe kriegen!

Ein müder Kater Pegasus,
der schlief im Garten ein.
Im Traum schnellte er in die Luft
wie ein geworfner Stein.

Du Super-Kater Pegasus,
jetzt fängst du deinen Spatzen.
Und sieht das auch die Nachbarkatz,
wird sie vor Neid zerplatzen!

TRÄUME

Leicht sein wie ein Blatt,
leicht wie eine Feder –
Windflug über unsre Stadt –
träumt davon nicht jeder?

Fest sein wie ein Baum,
tief verwurzelt stehen –
winters voller Krähen –
auch ein schöner Traum!

OSTERZEIT

Nach einer winterkalten Woche
ein Tag voll Sonnenlicht und Wärme.
Im Flieder zwitschern Spatzenschwärme.
Jetzt kann der Frühling neu beginnen,
außen und innen.

ERDVERBUNDEN

Die Katze im Gemüsebeet
staunt,
wie hoch
ein sooo kleiner Vogel
fliegen kann,

bis in die Wolken
staunt sie
ihm nach.

AN EINEN SCHMETTERLING

Zitronenfalter, lieber Freund,
du segelst gelb im Wind dahin.
Ich wünsch mir einen schönen Sommer
mit *dir* als Farbtupfen drin!

WOLKEN SCHAUEN

Diese Wolke, kommt mir vor,
ist ein riesengroßes Ohr –
es treibt vorbei und horcht und lauscht,
was wohl der Wind beim Wehen rauscht.

Diese Wolke, denk ich mir,
ist ein dunkles Fabeltier,
ein böses Einhorn mit Spinnwebfrisur –
ich fürcht, es ist wem auf der Spur …

Diese Wolke, zweifelsfrei,
ist ein weißer Papagei.
Sein krummer Schnabel öffnet sich –
und dann gähnt er fürchterlich.

Jetzt hab ich drei Wolken
genau beschrieben.
Schau, dort kommen
die nächsten sieben!

SIEBEN WOLKEN

Ein Seepferdchen am Himmel!
Daneben schwebt ein Schimmel.

Die Hörner einer Kuh.
Ein Schnabel – : Marabu?

Die Säcke von zwei Dieben.
Ein Briefblatt, unbeschrieben.

Und Wolke Nummer sieben.

WENN DER NEBEL ABZIEHT

Wenn der Nebel abzieht,
wird alles klar.
Ich sehe den Weg,
wo er immer war.

Doch sah ich ihn nicht.
Er war fort, wie verschluckt.
Und ich stand am Fenster,
hab ins Graue geguckt …

Die Häuser, die Bäume,
die Beete – wie neu!
So vertraut und doch anders,
dass ich mich freu.

Die Augen sind fröhlich,
sie feiern ein Fest,
das den restlichen Körper
gleich mitfeiern lässt.

Ich renn durch den Ort
auf dem alt-neuen Weg.
Ich hüpf auf der Treppe,
spring über den Steg …

Weil der Nebel abzog,
ist alles jetzt klar.
Doch war es auch gut,
dass es nebelig war.

NEBELNABEL

(ein Abzählreim)

Hat der Nebel
einen Nabel?
Kennt der Hebel
einen Hobel?
Und der Knebel,
kann der knobeln?

Ach, mein Katzenbär, wozu –
mit mir knobeln kannst auch du!

DAS HAUS DES DICHTERS

In unsrer Häuserzeile steht ein Haus,
das sieht anders als die andern aus:
Statt aus Ziegeln ist es aus Büchern gebaut,
statt Verputz trägt's eine papierene Haut.

Die Fenster sind Illustrationen
von allen, die darin wohnen.
Statt Türen zu öffnen, blättert man Seiten um.
Statt Fliegen schwirren drinnen Buchstaben herum.

Der Dichter sucht sein Lieblingsbuch,
er eilt durchs Haus in schnellem Schritt.
Und kommst du einmal auf Besuch:
Bring ihm ein Lesezeichen mit!

GEDICHT VON DEN GEDICHTEN

Manche Gedichte sind winzig klein,
können kleiner als Ameisen sein.

Manche Gedichte sind riesengroß,
größer als Elefantenpopos.

Manche Gedichte sind leise wie Schnee
oder wie Sonnenlicht auf dem See.

Manche Gedichte sind lauter als laut,
wie wenn ein Riese auf Trommeln haut.

Manche Gedichte sind kurz wie ein Floh,
aber sie beißen auch ebenso.

Manche Gedichte sind lang wie ein Fluss,
du treibst auf ihnen voller Genuss.

Manche sind eng und manche sind weit.
Manche Gedichte brauchen viel Zeit.

Manche Gedichte entstehen im Nu.
Welche Gedichte liebst du?

TITELVERZEICHNIS

(Lieder sind kursiv gesetzt)

VERZEICHNIS DER ANFANGSZEILEN